11

حَياةُ الصَّحْراء

بِقَلَم: أنيتا غنَيري

المُحتَوَيات

Collins

صَحْراءُ شِبْهِ الجَزيرةِ العَرَبيّة

تَقْتَرِنُ الصَّحْراءُ في ذِهْنِ النّاسِ بِنُدْرَةِ المَطَرِ، والطَّقْسِ الحارِّ في نَهارِ الصَّيْفِ، وبِالبُرودةِ القارِسةِ في لَيْلِ الشِّتاء. هناك صَحْراءُ رَمْليّةٌ، وصَحْراءُ صَخْرِيّةٌ. هناك صَحْراءُ يُغَطِّيها المِلْحُ، وأُخرى تَجْمَعُ كُلَّ ما سَبَقَ ذِكْرُه.

تُغَطّي الصَّحارَى حَوالَيْ ثُلْثِ اليابِسةِ على كَوْكَبِ الأَرض. ومن أَكْبَرِها صَحْراءُ شِبْهِ الجَزيرةِ العَرَبِيّةِ الَّتي تُغَطّي مِساحةً قَدْرُها ٢،٣٣٠،٠٠٠ كيلومترٍ مُرَبَّع.

هل تَعرِفونَ؟

هناك صَحارَى في قارّاتِ آسْيا، وإفْريقيا، وأَمْريكا الشَّماليّةِ، وأَمْريكا الجَنوبِيّةِ، وأُسْتراليا. كَما تَندَرِجُ القارّةُ القُطبِيّةُ الجَنوبِيّةُ أيضًا ضِمْنَ الصَّحارَى بِسَبَبِ جَفافِها الشَّديد، على الرَّغْمِ مِن أنّها مُغَطّاةٌ بِالجَليدِ، الَّذي هو ماءٌ مُتَجَمِّد.

العِراق
الأُرْدُنّ
الكُوَيْت
البَحْرَيْن
الإماراتُ العَرَبِيّةُ
المُتَّحِدة
قَطَر
مِصْر
البَحْرُ الأَحْمَر
المَمْلَكةُ العَرَبِيّةُ السَّعُودِيّة
عُمان
السّودان
اليَمَن
صَحْراءُ شِبْهِ الجَزيرةِ العَرَبِيّة

تَضاريسُ الصَّحْراء

الكُثْبانُ الرَّمْلِيّةُ ظاهِرةٌ طَبيعِيّةٌ تُنْتِجُها الرِّياحُ، إلّا أنَّ لها فَوائدَ عَمَلِيّةً لِلإنْسان. بِالنَّظَرِ إلى شَكْلِ الكُثْبانِ وتَكْوينِها، يَسْتَطيعُ الإنْسانُ أن يُحَدِّدَ اتِّجاهَ الرِّياحِ وَسُرْعَتَها.

تُرَجِّحُ الكُثْبانُ، إن كانَتْ على شَكْلِ هِلالٍ، أنَّ الرِّياحَ تَهُبُّ من اتّجاهٍ واحِدٍ، وأنَّ الرِّمالَ تَلْتَفُّ حولَ عائِقٍ ما يَعْتَرِضُ طَريقَها ويَحِدُّ من سُرْعَتِها. قَد يَكونُ هذا العائقُ صَخْرةً أو شُجَيْرة.

الكُثْبانُ البَرْخانِيّة

أكبَرُ بَحْرٍ صَحْراوِيٍّ في شِبْهِ الجَزيرةِ العَرَبيّةِ والعالَمِ هو مِنطَقةُ الرُّبْعِ الخالي. مِساحةُ الرُّبْعِ الخالي مُماثِلةٌ لِمِساحةِ فَرَنسا! الحياةُ في هذه المِنطَقةِ بِصورةٍ دائمةٍ مُعَقَّدةٌ لِلغايةِ، لَيسَ بِسَبَبِ الجَفافِ وَحْدَهُ، ولكن لأنَّ تَكْوينَ الكُثْبانِ يَتَغَيَّرُ بِصورةٍ مُتَواصِلةٍ ما يَجْعَلُ التَّنَقُّلَ وتَحْديدَ الاتِّجاهاتِ صَعْبًا لِلغايةِ.

تَتَنَوَّعُ أشْكالُ الكُثْبانِ وأحْجامُها.

الجِبالُ، والوِدْيانُ، والمُنْحَدراتُ، والهِضابُ، والأَجْرافُ منَ المَعالِمِ الرَّئيسِيّةِ الَّتي تَنْتَشِرُ في صَحراءِ شِبْهِ الجَزيرةِ العَرَبِيّة.

أَعْلَى قِمّةٍ جَبَلِيّةٍ في صَحْراءِ شِبْهِ الجَزيرةِ العَرَبِيّةِ هي جَبَلُ النَّبِيِّ «شُعَيْب» في اليَمَن.

جَبَلُ النَّبيِّ «شُعَيْب»

تَتَشَكَّلُ الوِدْيانُ بِفِعْلِ السُّيولِ الجارِفةِ الَّتي تَشُقُّ طَريقَها بينَ الصُّخورِ مُنْحَدِرةً بَعدَ هُطولِ المَطَرِ الغَزير.

بَعضُ الأَجْرافِ تَمْتَدُّ إلى مِئاتِ الكيلومترات.

يَشُقُّ السَّيْلُ طَريقَهُ إلى الوادي.

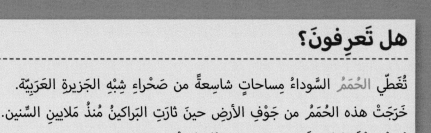

هل تَعرِفونَ؟

تُغَطّي الحُمَمُ السَّوداءُ مِساحاتٍ شاسِعةً من صَحْراءِ شِبْهِ الجَزيرةِ العَرَبِيّة.
خَرَجَتْ هذه الحُمَمُ من جَوْفِ الأرضِ حينَ ثارَتِ البَراكينُ مُنذُ مَلايينِ السِّنين.
يُتابِعُ العُلَماءُ نَشاطَ هذه البَراكينِ دَوْمًا تَحَسُّبًا لِثَوَرانِها من جَديد.

مُنْذُ مَلايينِ السِّنينِ، جَرَفَتِ الأَنْهارُ القَديمةُ هذه الأَحْجارَ والصُّخورَ الَّتي نَراها في الصّورةِ، وحَمَلَتْ مَعَها الطّينَ والرَّمَلَ إلى هذا المَوقِعِ مِن صَحْراءِ شِبْهِ الجَزيرةِ العَرَبِيّة. ولكن، عَبرَ مَلايينِ السّنينِ أيْضًا، جَرَّدَتِ الرِّياحُ الأَرضَ مِنَ الرِّمالِ كلِّها، وحَمَلَتْها إلى أماكِنَ بَعيدةٍ، تارِكةً وَراءَها الأَحْجارَ والصُّخورَ الَّتي نَراها هنا تُغَطّي هذه السُّهول.

هل تَعرِفونَ؟

تَسْتَطيعُ الأَنْهارُ والسُّيولُ أَنْ تَجْرُفَ الصُّخورَ الكبيرةَ مِن مَكانٍ إلى آخَرَ يَبْعُدُ مِئاتِ الكيلومترات.

تُسَمَّى السُّهولُ المُغَطَّاةُ بِالمِلْحِ «السِّباخُ»، وهي صيغةُ الجَمْعِ لِكَلِمةِ «سَبْخة». تَنْتَشِرُ «السِّباخُ» قُرْبَ المَناطِقِ السّاحِلِيَّةِ في صَحْراءِ شِبْهِ الجَزيرةِ العَرَبِيّة. إنَّها تَتَكَوَّنُ حينَ يُحْبَسُ ماءُ البَحْرِ بَيْنَ الصُّخورِ، ثُمَّ يَتَبَخَّرُ بِتَأْثيرِ الشَّمسِ، فَيَتَرَسَّبُ المِلْحُ على الأرض. رُبَّما سَبَّبَتْ هذه الظّاهِرةُ بَعْضَ المَخاطِرِ، لأنَّ المِلْحَ المَمْزوجَ بِالرَّمْلِ يَجِفُّ قُرْبَ السَّطْحِ فَقَط. إن خَطا إنسانٌ أو حَيوانٌ فَوقَ هذا السَّطحِ الهَشِّ، رُبَّما غاصَ وغَرِقَ فيما يُسَمَّى بِالرِّمالِ المُتَحَرِّكة.

مَناخُ الصَّحْراء

قد تَرْتَفِعُ دَرَجةُ الحَرارةِ في شُهورِ الصَّيفِ لِتَتَخَطّى الخَمسينَ دَرَجةً مِئَوِيّةً، وقد تَنْخَفِضُ في شُهورِ الشِّتاءِ إلى الصِّفْر.

تكونُ السَّماءُ صافيةً، والشَّمسُ ساطِعةً في أَغْلَبِ أيّامِ السَّنة.

يُمكِنُ لِلهَواءِ أن يَتَلاعَبَ بِعُيونِ البَشَرِ فيما يُسَمَّى بِالسَّراب.

قد يَتَخَيَّلُ الإنْسانُ أنَّ هناك بُحَيْرَةً أَمامَهُ، بَيْنَما الحَقيقةُ هي أنَّ هناك طَبَقةً منَ الهَواءِ البارِدِ تُحاصِرُ طَبَقةً منَ الهَواءِ السّاخِنِ، وتُرْغِمُها على البَقاءِ قَريبةً من مُسْتَوى الأرضِ، ما يُؤَثِّرُ في الضَّوْءِ، فَيَتَلَألَأُ وكأنَّهُ ماءٌ في بُحَيْرة.

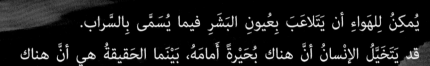

تَبْدو هذه الجِمالُ وكأنَّها تَسيرُ وَسْطَ بُحَيْرة.

الصَّحارَى هي أكثَرُ البيئاتِ جَفافًا على وَجْهِ الأرض. فيما نَدَرَ، تَهُبُّ عاصِفةٌ مُمْطِرةٌ على صَحْراءِ شِبْهِ الجَزيرةِ العَرَبِيّةِ، تَتْبَعُها أمطارٌ غَزيرةٌ تَمْلأُ الوِدْيانَ الجافّةَ وتُسَبِّبُ السُّيول. قد يَحْدُثُ هذا بِدونِ إنذارٍ مُسْبَقٍ ما يُعَرِّضُ البَشَرَ والمُمْتَلَكاتِ إلى خَطَرٍ جَسيم؛ ذلك لأنَّ السُّيولَ تَسْتَطيعُ أن تَجْرُفَ ما في طَريقِها بِدونِ تَمييزٍ بينَ الصُّخورِ، والنَّخيلِ، والشّاحِناتِ، والسَّيّاراتِ بِمَنْ فيها مِن رُكّاب.

مِنطَقَةٌ صَحْراوِيّةٌ مُنْخَفِضةٌ بَعدَ فَتْرةٍ مُمْطِرة.

مُنذُ مِئاتِ الآلآفِ منَ السِّنين، كانَتْ صَحْراءُ شِبْهِ الجَزيرةِ العَرَبِيّةِ خَضْراءَ ومُمْطِرة.

عَثَرَ العُلَماءُ فيها على آثارٍ لِآلافِ الأنْهارِ والبُحَيْراتِ الَّتي كانَتْ بيئةً خَصْبةً لِحَيَواناتٍ مُتَنَوِّعةٍ، مِثْلِ فَرَسِ النَّهْرِ، والجاموسِ الوَحْشيِّ، والأَفْيال.

كلُّ هذه الحَيَواناتِ المُتَنَوِّعةِ انْقَرَضَتْ تَمامًا في العَصْرِ الحاليّ.

أحيانًا، تَشْتَدُّ الرِّياحُ في فَصْلَي الشِّتاءِ والرَّبيعِ، وتَصِلُ سُرْعَتُها إلى نَحوِ ١٥٠ كيلومِترًا في السّاعةِ، بِصورةٍ مُتواصِلةٍ، لِمُدّةٍ قَد تَمْتَدُّ إلى أَسابيع. تُطيحُ الرِّياحُ بِالخيامِ وتَقْتَلِعُ النَّخيلَ، وتُغَيِّرُ شَكْلَ الكُثْبانِ الرَّمْلِيّة.

تُثيرُ هذه الرِّياحُ سُحُبًا خانِقةً منَ الرِّمالِ والأَتْرِبةِ لِفَتَراتٍ قَد تَسْتَمِرُّ أيّامًا. يَصِلُ عَرْضُ هذه السُّحُبِ إلى حَوالَيْ ١٠٠ كيلومِترٍ، فَتَبْدو وكأنَّها كُرةٌ عِمْلاقةٌ منَ التُّرابِ تَتَدَحْرَجُ بينَ الأرضِ والسَّحاب.

هذه العاصِفةُ التُّرابِيّةُ، على شَكْلِ كُرةٍ عِمْلاقةٍ، تَكادُ تَبْتَلِعُ مَدينةً صَحْراوِيّة.

يَصْعُبُ التَّنَفُّسُ وتَنْخَفِضُ الرُّؤيةُ في أَثْناءِ العَواصِفِ التُّرابِيّة. يَلْجَأُ النّاسُ إلى تَغْطيةِ أُنوفِهِم وأَفْواهِهِم، ولا يُغادِرونَ بُيوتَهُم.

تَحْمِلُ العَواصِفُ آلافَ الأطْنانِ منَ الرِّمالِ وتُلْقي بِها في أماكِنَ أُخْرَى على بُعْدِ كيلومِتراتٍ عَديدة.

بَعدَ مُرورِ العاصِفةِ التُّرابِيّةِ، تَتَقَدَّمُ الجَرّافاتُ الضَّخْمةُ لإعادةِ شَقِّ الطُّرُق.

نَباتاتٌ عَنيدة

تَعيشُ أَعْدادٌ كبيرةٌ مِنَ النَّباتاتِ والحَيَواناتِ المُتَنَوِّعَةِ في صَحْراءِ شِبْهِ الجَزيرةِ العَرَبِيَّة. بَعضُ خَصائِصِها وصِفاتِها تُساعِدُها على الازْدِهارِ على الرَّغْمِ مِن قَسْوَةِ البيئة.

تَحْتاجُ النَّباتاتُ للماءِ في غِذائِها، والماءُ نادِرٌ في الصَّحْراء. تَنْمو هذِه الشُّجَيْراتُ البَرِّيَّةُ على الجُزْءِ المُنْحَدِرِ مِنَ الكُثْبانِ الرَّمْلِيّة. جُذورُها لَيسَتْ عَميقةً، بَلْ تَنْتَشِرُ قُرْبَ سَطْحِ الأرضِ لِتَتَمَكَّنَ مِن امْتِصاصِ أكبَرِ كَمِّيَةٍ مُتاحةٍ مِن رُطوبةِ الهَواء.

تَسْتَخْدِمُ أَنْواعٌ أُخْرى منَ النَّباتاتِ سيقانَها وأَوْراقَها لِتَخْزينِ قَطراتِ الماء.

تَعيشُ بَعضُ النَّباتاتِ لِفَتَراتٍ قد تَمْتَدُّ إلى شُهورٍ كَحُبوبٍ دَفينةٍ في الرَّملِ، وذلك لِمُقَاوَمةِ الجَفاف. هناك قِشْرةٌ خاصّةٌ تُغَطِّيها وتَحْميها، ولا تَزولُ هذه القِشْرةُ إلّا معَ نُزولِ المَطَرِ، وحينَئِذٍ تَتَدَفَّقُ الحَياةُ من هذه الحُبوبِ الدَّفينةِ لِتَمْلَأَ الصَّحْراءَ بِالألوانِ والأشكالِ الجَميلة.

تُسْتَخْدَمُ بعضُ جُذورِ النَّباتاتِ وسيقانِها كَحَطَب.

هذه هي شَجَرةُ «الغاف» الَّتي تَنْمو في صَحْراءِ شِبْهِ الجَزيرةِ العَرَبِيّة. تَمْتَدُّ جُذورُها إلى ما يَقْرُبُ من ثَلاثينَ مِترًا تَحتَ الأرضِ، لِتَمْتَصَّ الماءَ مِنَ الأَعْماق. كما أنَّ لها القُدْرَةَ على تَشَرُّبِ قَطَراتِ النَّدَى ورَذاذِ الضَّباب. أحيانًا، تُزْرَعُ أشجارُ «الغاف» على الكُثْبانِ الرَّمْلِيّةِ السّاحِلِيّةِ لأنَّ جُذورَها تُساعِدُ الرَّملَ على التَّماسُكِ، ما يُساهِمُ في مُقاوَمةِ التَّصَحُّر.

شَجَرةُ «الغاف»

شَجَرةُ «السَّنْط»
أَشْواك

لِأشجارِ «السَّنْط» زُهورٌ صَفراءُ زاهيةٌ وأوْراقٌ خَضراء. أشْواكُها حادّةٌ لِتَحْمِيَ أوْراقَها منَ الحَيَواناتِ الجائِعة. وكَشَجَرةِ «الغاف»، فإنَّ جُذورَ «السَّنْط» تَمْتَدُّ إلى الأَعْماقِ لِتَمْتَصَّ المِياهَ الجَوْفِيّة.

هل تَعرِفونَ؟

عودُ المِسْواكِ الجافُّ مُنْتَشِرٌ ومَرْغوبٌ مُنذُ قُرونٍ لِما لَهُ من فَوائِدَ صِحِّيّة. خَصائِصُهُ الكيمْيائيّةُ فَعّالةٌ في قَتْلِ جَراثيمِ الفَمِ وتَنْظيفِ الأسْنانِ وتَطْهيرِ اللِّثة.

الواحةُ هي مَوقعٌ صَحْراوِيٌّ تَخْرُجُ فيهِ المِياهُ الجَوْفِيّةُ إلى سَطْحِ الأرضِ، فَتَجْعَلُها خَضْراءَ وخَصْبةً وصالِحةً لِلزِّراعة. أَنْسَبُ الأشجارِ لِلواحاتِ هي نَخيلُ التَّمْرِ؛ ولذلك، فإنَّ أَوْفَرَ المَحاصيلِ هي التُّمور.

مِنَ المَهاراتِ الخاصّةِ الَّتي تَنْتَشِرُ بينَ سُكّانِ الواحاتِ هي القُدْرةُ على اسْتِخْدامِ كلِّ جُزءٍ من أَجْزاءِ النَّخْلةِ لِغَرَضٍ مُفيدٍ، فلا يُهْدَرُ مِنها شيء. حتّى نَواةُ التَّمْرِ الصَّلْبةُ تُسْتَخْدَمُ كَعَلَفٍ للحَيَوان.

واحةٌ في الصَّحْراءِ العَرَبِيّة

لِلتُّمورِ أهَمِّيّةٌ خاصّةٌ لَدى سُكّانِ الواحاتِ لِما فيها من عَناصرَ مُغَذِيَّةٍ، ولا سيّما السُّكَّرِيّاتِ الَّتي تَمُدُّ الإنْسانَ بالطّاقة.

نَخْلةٌ مُثْمِرة

الحَيَوانُ وغَريزةُ البَقاء

الطَّعامُ قَليلٌ والشَّرابُ شَحيحٌ في الصَّحْراءِ، إلّا أنَّ هناك حَيَواناتٍ تأَقْلَمَتْ، وتَعيشُ فيها وتَتَكاثَرُ. التَّعامُلُ معَ الحَرارةِ الشَّديدةِ أيضًا يُمَثِّلُ تَحدِّيًا آخَرَ لَها. بَعضُها يَتَجَنَّبُ الحَرارةَ نَهارًا بِالسُّكونِ التّامِّ، وبِالاخْتِفاءِ تَحتَ الصُّخورِ أو النَّباتاتِ أو في جُحورٍ عَميقةٍ، ويَخْرُجُ بعدَ غُروبِ الشَّمس.

هذا الجُرْبوعُ الصَّغيرُ لَهُ أُذُنانِ كَبيرَتانِ. ذَيْلُهُ وأَرْجُلُهُ الخَلْفِيّةُ تَمْتازُ بالطُّول. يَسْكُنُ نَهارًا في جُحْرٍ عَميقٍ، ثُمَّ يَخرُجُ لَيلاً بَحْثًا عنِ الطَّعام. يَأكُلُ الجُرْبوعُ النَّباتات. فائِدةُ أُذُنَيْهِ الكَبيرَتَيْنِ هي سَماعُ صَوتِ أيِّ حَيَوانٍ مُفْتَرِسٍ إن اِقْتَرَبَ، في حينِ أنَّ ذَيْلَهُ وأَرْجُلَهُ الخَلْفِيّةَ الطّويلةَ تُساعِدُهُ على سُرعةِ الفِرار.

تَأَقْلَمَ هذا الثَّعْلَبُ الصّغيرُ معَ الحَياةِ في الصَّحْراء. تُساعِدُ أُذُناهُ الكَبيرَتانِ على فُقْدانِ الحَرارةِ من باقي أَجْزاءِ الجِسمِ، بالإضافةِ إلى سَماعِ دَبيبِ فَريسةٍ هنا أو هناك. أَقْدامُهُ مُغَطّاةٌ بِطَبَقةٍ منَ الفِراءِ لِتَحمِيَهُ من سُخونةِ الرَّمل.

ثَعْلَبُ «روبِل»

المَها العَرَبِيّةُ منَ الظِّباءِ الَّتي تَعيشُ في الصَّحْراءِ، وتَشْتَهِرُ بِجَمالِ عُيونِها. مُنذُ حَوالَيْ خَمسينَ عامًا، اِنْقَرَضَتْ هذه الحَيَواناتُ من بيئَتِها الطَّبيعِيّةِ في الصَّحْراءِ بِسَبَبِ الإفْراطِ في صَيْدِها، ولَمْ تَتبَقَّ مِنْها سِوى مَجْموعةٍ صغيرةٍ في حَدائقِ الحَيَوان. تَمَكَّنَتْ بَعضُ هذه الحَدائقِ من تَشْجيعِ المَها العَرَبِيّةِ على التَّكاثُرِ في الأَسْرِ تَمْهيدًا لإعادَتِها إلى بيئَتِها الطَّبيعِيّة.

المَها العَرَبِيّة

تَسْتَفيدُ المَها العَرَبِيّةُ من بَعضِ السِّماتِ الطَّبيعِيّةِ لِمُساعَدَتِها على البَقاءِ والتَّأقْلُمِ معَ حَياتِها في الصَّحْراء. لَوْنُها الأبيَضُ طارِدٌ لِلحَرارةِ لأنَّهُ يَعْكِسُ أشِعّةَ الشَّمسِ. حَوافِرُها العَريضةُ تُناسِبُ المَشيَ على الرِّمالِ النّاعِمة.

حينَ تَشْتَدُّ الحَرارةُ نَهارًا، تَحْفُرُ المَها العَرَبِيّةُ لِنَفْسِها مَرْقَدًا في الرِّمالِ الأقَلِّ سُخونة. هذا يَحْميها منَ الحَرارةِ ومنَ الرِّياحِ أيضًا. تَنْشَطُ المَها العَرَبِيّةُ وتَسْعَى في الصَّباحِ الباكِرِ، وبَعدَ غُروبِ الشَّمسِ حينَ تَعْتَدِلُ دَرَجةُ الحَرارةِ نِسْبِيًّا.

هل تَعرِفونَ؟

تَشُمُّ المَها رائحةَ المَطَرِ عَن بُعْدٍ، وتَتَّجِهُ نحوَهُ بِسُرعةٍ لِتَتَغَذّى على بَراعِمِ النَّباتاتِ الَّتي نَبَتَتْ حَديثًا. في أغْلَبِ الأوْقاتِ، عَلَيْها أن تَسيرَ لِمَسافاتٍ طَويلة.

البَعوضُ، والنَّملُ، والذُّبابُ، والجَرادُ، والخَنافِسُ هي بَعْضُ الحَشَراتِ الَّتي تَعيشُ في الصَّحْراء. تَسْتَخْدِمُ الخَنافِسُ أَرْجُلَها الخَلْفِيّةَ في إعْدادِ كُراتٍ من رَوْثِ الحَيَواناتِ، ثُمَّ تُدَحْرِجُها إلى مَكانٍ آمِنٍ، وتَضَعُ بَيْضَها بينَ هذه الكُرات. حينَ يَفْقِسُ البَيْضُ، تَخْرُجُ الخَنافِسُ الوَليدةُ وتَتَغَذّى على وَجَباتٍ من الكُراتِ السّابِقةِ التَّجْهيز.

هل تَعرِفونَ؟

تُؤَمِّنُ الفَراشةُ الصَّحْراوِيّةُ البَيضاءُ بَقاءَها، في هذه البيئةِ الشَّديدةِ الجَفافِ، عن طَريقِ تَسْريعِ الوَتيرةِ لِدَوْرةِ حَياتِها في الوقتِ المُناسِب. إنَّها تَقْضي فَتَراتٍ طَويلةً كَشَرْنَقةٍ، تَنْتَظِرُ هُطولَ المَطَرِ وما يَتْبَعُهُ من نُموِّ النَّباتات. وبِسُرعةٍ، ما إن يَنزِلُ المَطَرُ، حَتَّى تَتَحَوَّلَ الشَّرْنَقةُ إلى فَراشةٍ ناضِجةٍ تَتَغَذّى على النَّباتات. وبَعدَ ذلك، تَتَزاوَجُ وتَبيضُ، ثُمَّ تَكْتَمِلُ الدَّوْرةُ حينَ يَفْقِسُ البَيضُ وتَتَكَوَّنُ الشَّرانِقُ الجَديدة.

الفَراشةُ الصَّحْراوِيّةُ البَيضاء

تَعيشُ العَناكِبُ والعَقارِبُ في الصَّحْراء. ذَيْلُ العَقْرَبِ العَرَبيِّ سَميكٌ وقَويّ. لَدْغةُ هذا العَقْرَبِ سامّةٌ وقاتِلةٌ لِفَريسَتِهِ الَّتي قد تَكونُ عَنْكَبوتًا أو حَشَرة. طولُ العَقْرَبِ حَوالَيْ عَشَرةِ سَنتيمترات. يَحفِرُ العَقْرَبُ ويَدْفِنُ نَفْسَهُ في الرَّمْلِ نَهارًا، ثُمَّ يَخْرُجُ لَيلًا بَحْثًا عن فَريسة.

العَقْرَبُ العَرَبِيُّ
ذو الذَّيْلِ السَّميك

تُحَذِّرُ هذه الأَفْعَى الصَّحْراوِيّةُ أَعْداءَها بإصْدارِ صَوْتٍ يُشْبِهُ صَوْتَ المِنْشارِ في الخَشَب. تُصْدِرُ الأَفْعَى هذا الصَّوْتَ عن طَريقِ حَكِّ قُشورِ جِلْدِها الحادّة. يَعْتَقِدُ الخُبَراءُ أَنَّ هذا الأُسْلوبَ في التَّحْذيرِ يَسْتَهلِكُ كَمِّيّةً أَقَلَّ منَ الماءِ المَوجودِ في جِسْمِ الأَفْعَى مُقارَنةً بِالفَحيح. تتَحَرَّكُ هذه الأفْعَى السّامّةُ القاتِلةُ بِحَرَكةٍ أُفُقِيّةٍ فَوقَ الرِّمال. كُلُّ جُزءٍ مِنَ الجِسْمِ يَلْمُسُ الرَّمْلَ لِثَوانٍ قَليلةٍ فَلا يَتَأَثَّرُ بِالسُّخونةِ الشَّديدة.

قُشورُ جِلْدِ هذه الأَفْعَى حادّةٌ كأسْنانِ المِنْشار.

«سَمَكَةُ الرِّمالِ» هو اسْمُ هذه السِّحْلِيَةِ الصَّحْراويَّةِ الصَّغيرة. طَبيعةُ جِسْمِها تُناسِبُ "السِّباحةَ" عَبَرَ الرِّمالِ. تَكْوينُها انْسيابِيٌّ، وجِلْدُها أَمْلَسُ، وأَنْفُها مُدَبَّب. حَرَكةُ رِجْلَيها الخَلْفِيَّتَيْنِ تُشْبِهُ حَرَكَةَ السِّباحةِ الحُرَّة. أُذُناها صَغيرتانِ، ولكنَّ لَهُما القُدْرةَ على سَماعِ حَرَكةِ الحَشَراتِ تَحتَ الرِّمالِ.

سَمَكةُ الرِّمال

تَعيشُ هذه السِّحْلِيَةُ الشَّوْكِيَّةُ في جُحورٍ عَميقةٍ حَيثُ تكونُ في مَأْمَنٍ مِنَ الأَخْطارِ وحَرارةِ الجَوِّ. جاءَ اسْمُها من ذَيْلِها الشَّوْكِيِّ الحادّ. بَعْضُ النّاسِ يُعِدُّ من لَحْمِها وَجَباتٍ شَهِيَّة.

السِّحْلِيَةُ الشَّوْكِيَّة

تَبيضُ أُنْثَى القَطا في عُشٍّ على الأرض. حينَ يَفْقِسُ البَيضُ، يَطيرُ الذَّكَرُ إلى أحَدِ مَصادِرِ الماءِ مَهْما بَعُدَ هذا المَصْدَرُ عن عُشِّهِ. ريشُ صَدْرِ الذَّكَرِ مُصَمَّمٌ لامْتِصاصِ الماء، فَيَعودُ وريشُهُ مُحَمَّلٌ بِالماءِ الَّذي يَشْرَبُهُ الصِّغار.

الصَّقْرُ صَيّادٌ ماهِرٌ، يَطيرُ بِسُرعةٍ فائِقةٍ فَوقَ مُسْتَوَى سَطْحِ الأرضِ بَحْثًا عنِ القَوارِضِ والحَيَواناتِ الصَّحْراوِيّةِ الصَّغيرةِ الأُخْرى. يَنْقَضُّ الصَّقْرُ على فَريسَتِه، فَيُنْشِبُ فيها مَخالِبَهُ ويُمَزِّقُها بِمِنْقارِهِ القَويِّ المَعْقوف. الصَّيْدُ بِالصُّقورِ مِنَ الرِّياضاتِ والهِواياتِ المَحْبوبةِ في صَحْراءِ شِبْهِ الجَزيرةِ العَرَبِيّة.

مِنَ الصَّعْبِ على الحَيَواناتِ المُفْتَرِسةِ أن تَرى القَطا لأنَّ ألْوانَ ريشِهِ بِلَونِ الرَّمْل.

الصَّقْرُ صَيّادٌ ماهِر.

هل تَعرِفونَ؟

تَتَوَقَّفُ مَلايينُ الطُّيورِ المُهاجِرةِ في أَماكِنَ مُتَفَرِّقَةٍ من صَحْراءِ شِبْهِ الجَزيرةِ العَرَبِيّة.
تَتَنَقَّلُ هذه الطُّيورُ مَوْسِمِيًّا بَينَ أُوروبّا وآسْيا وإفْريقيا بَحْثًا عنِ الرّاحةِ والدِّفءِ والغِذاء.

سُكّانُ الصَّحْراء

تكَيَّفَ البَشَرُ مَعَ الحَياةِ الصَّحْراوِيّةِ مُنذُ آلافِ السِّنين، وتَعَوَّدوا على الحَياةِ البَسيطةِ الَّتي يَمْلَأُها الرِّضا والصَّبْرُ، وتُوَجِّهُها الحِكْمة.

المَلابِسُ التَّقْليدِيّةُ لِسُكّانِ الصَّحْراءِ فَضْفاضةٌ تَسْمَحُ بِمُرورِ الهَواءِ وحَرَكتِهِ، ويَغْلُبُ عَلَيْها اللَّونُ الأبيَضُ لأنَّهُ طارِدٌ لِلحَرارةِ وعاكِسٌ لِأشِعَّةِ الشّمس.

غِطاءُ الرَّأسِ يَحْمي النّاسَ منَ الشّمسِ والغُبارِ والرَّمْل.

وكَما ذَكَرنا في سِياقِ حَديثِنا عنْ أَشْجارِ النَّخيلِ الَّتي لا يُهْدَرُ مِنها شيءٌ، فإنَّ المَنطِقَ نَفْسَهُ يَنْطَبِقُ على الأَغْنامِ والجِمالِ الَّتي تُسْتَغَلُّ تمامًا بِأُسْلوبٍ اِقْتِصادِيٍّ شامِل.

المَصْدَرُ التَّقْليدِيُّ لِنَسيجِ الخِيامِ وحِبالِها هو صوفُ الخِرافِ والماعِزِ ووَبَرُ الجِمال.

صُمِّمَتِ الخِيامُ لِتَكونَ دافِئَةً في بَرْدِ اللَّيل،
ظَليلَةً وطارِدَةً للحَرارةِ في ساعاتِ النَّهار.

يَشْتَهِرُ سُكّانُ الصَّحْراءِ العَرَبِيّةِ بِالأَخْلاقِ النَّبيلةِ والكَرَمِ الزّائِدِ تِجاهَ الضَّيْفِ وعابِرِ السَّبيل. يَتَلَقّى الضَّيفُ مَجْموعةً مِنَ الطَّعامِ والشَّرابِ تَتَضَمَّنُ الشّايَ والقَهْوَةَ والتُّمورَ مَعَ المُتاحِ منَ الأَطْعِمةِ التَّقْليدِيّة.

عادةً ما تكونُ الخِيامُ خَفيفةَ الوَزْنِ نِسْبِيًّا، سَهْلَةَ النَّصْبِ، سَريعةَ التَّحْميلِ فَوقَ ظُهورِ الجِمالِ لِتُناسِبَ مُتَطَلَّباتِ حَياةِ الرَّعْيِ، والتَّنَقُّلَ المُسْتَمِرَّ بَحْثًا عَنِ الكَلَأ.

يُعامَلُ الجَمَلُ مُعامَلَةً خاصّةً لأنَّهُ مَحْبوبٌ ومُقَرَّبٌ من قُلوبِ سُكّانِ الصَّحْراء. عادةً ما يُذْكَرُ الجَمَلُ كَمِثالٍ على التَّأَقْلُمِ معَ الحَياةِ في الصَّحْراء. يُمْكِنُ لِلجَمَلِ أن يَعْيشَ بِلا ماءٍ ولا طَعامٍ لِعِدَّةِ أيّامٍ مُعْتَمِدًا على مَخْزونِ الغِذاءِ في سَنَمِهِ. أَرْجُلُهُ الطَّويلةُ تَعْلو فَوقَ الرِّمالِ السّاخِنةِ فَتَحْميهِ من حَرارَتِها. أَقْدامُهُ المُفَلْطَحَةُ العَريضةُ تُوَزِّعُ وَزْنَهُ، ووَزْنَ ما يَحْمِلُهُ من مَتاعٍ، فَوقَ مِساحةٍ واسِعةٍ منَ الرِّمالِ النّاعِمة. رُموشُهُ الكَثيفةُ الطَّويلةُ تَحمي عَيْنَيْهِ منَ الرِّياحِ والغُبار.

رُموشٌ كَثيفةٌ وطَويلة
سَنَم
أَرْجُلٌ طَويلة
أَقْدامٌ مُفَلطَحةٌ وعَريضة

حَليبُ النّاقةِ منَ المَشْروباتِ المَحْبوبةِ بينَ سُكّانِ الصَّحْراءِ العَرَبِيّةِ، وكَثيرًا ما يَكْتَفي النّاسُ بِهِ، معَ بَعْضِ التُّمورِ، لِلْحُصولِ على وَجْبةٍ كامِلةٍ، شَهِيّةٍ ومُغَذِّية. لِلجَمَلِ فَوائِدُ أُخْرى كَثيرةٌ، إذْ يَسْتَفيدُ البَشَرُ بِوَبَرِهِ، وبِجِلْدِهِ، بَلْ وبِرَوْثِهِ الَّذي يُسْتَخْدَمُ كَوَقودٍ لِلنّار. هذا إلى جانِبِ الاسْتِخْداماتِ التَّقْليدِيّةِ مِثْلِ رِياضاتِ السِّباق.

هل تَعرِفونَ؟

كَثرةُ الجِمالِ المَمْلوكةِ لِفَرْدٍ أو أُسْرةٍ هي من عَلاماتِ الثَّراء.
منَ المُمْكِنِ أن تكونَ الجِمالُ جُزْءًا مِنَ المَهرِ عِندَ الزَّواج.

اِسْتَقَرَّ بَعْضُ سُكّانِ الصَّحْراءِ في الواحاتِ والمُدُنِ الصَّحْراوِيّةِ الصَّغيرةِ بِصورةٍ شِبْهِ دائمة. نَما تَعْدادُ سُكّانِ هذه المُدُنِ، وزادَتْ فيها فُرَصُ العَمَلِ والاسْتِثْمارِ والاسْتِقْرارِ بِفَضْلِ ارْتِفاعِ الدَّخْلِ الوَطَنِيِّ وأَرباحِ النِّفْط.

اِتَّجَهَ بَعْضُ سُكّانِ شِبْهِ الجَزيرةِ العَرَبِيّةِ إلى الوَسائِلِ العَصْرِيّةِ في التَّنْمِيَةِ الزِّراعِيّةِ، وتَربِيةِ المَواشي، وإنْتاجِ الأَعْلافِ والأَلْبان.

صورةٌ لِقَرْيةٍ تَنْمو حَولَ مَوْقِعِ واحة

دُبَيّ مِثالٌ لِمَدينةٍ ساحِلِيّةٍ كانَتْ صَغيرةً مُنْذُ سَنَواتٍ قَليلةٍ نِسْبِيًّا. اِعْتَمَدَ اقْتِصادُها، فيما مَضى، على بَعْضِ المَهاراتِ البَسيطةِ والحِرَفِ التَّقْليدِيّة. ولكنَّ دُبَيّ، الآنَ، من أَكْبَرِ وأَنْجَحِ المُدُنِ في شِبْهِ الجَزيرةِ العَرَبِيّة. دُبَيّ مَدينةٌ عَصْرِيّةٌ غَنِيّةٌ بِالمِعْمارِ المُدْهِشِ والنَّشاطِ التِّجارِيِّ والسِّياحِيّ. حَرَكةُ البَضائعِ في ميناءِ دُبَيّ لا تَهْدَأُ، وابتِكاراتُ الإدارةِ لا تَتَوَقَّف.

بُرْجُ خَليفةَ في دُبَيّ إنْجازٌ مِعْمارِيٌّ مُدْهِشٌ بِكُلِّ المَقاييس.

كُنوزُ الصَّحْراء

لِأوَّلِ وَهْلةٍ، قَد تَبْدو صَحْراءُ شِبْهِ الجَزيرةِ العَرَبيّةِ جافّةً قاحِلة. إلّا أنَّ تَحتَ الرِّمالِ كُنوزًا لا تَراها العَيْنُ، وبِحارًا مِنَ المِياهِ الجَوفِيّةِ العَميقة. تُسْتَخْدَمُ هذه المِياهُ في رَيِّ المَزارِعِ، ولِلشُّربِ، ولِمُتَطَلَّباتِ الصِّناعة.

بِئْرٌ تَقليدِيّةٌ لِاسْتِخْراجِ الماءِ الَّذي يَجْري فيها مُنذُ آلافِ السّنين.

البَحْرُ مَصْدَرٌ لِلماءِ لا يَنْضُبُ. تَتِمُّ إزالةُ المُلوحةِ في مَحطّاتِ التَّحْلِيةِ، الَّتي يُمْكِنُها أن تُعالِجَ ما يَقْرُبُ من مِليونِ مِترٍ مُكَعَّبٍ يومِيًّا. هذه الكَمِّيّةُ تَكْفي لِمَلْءِ ٤٠٠ حَمّامِ سِباحةٍ بِالحَجْمِ الأولَمْبِيّ.

مَحطّاتُ التَّحْلِيةِ العَصْرِيّةِ، في شِبْهِ الجَزيرةِ العَرَبِيّةِ، تَعْمَلُ بِالطّاقةِ الشَّمسِيّةِ لِلاسْتِفادةِ من ميزةٍ أُخْرى من مَزايا المَناخِ الصَّحْراوِيِّ، وهي الشَّمْسُ السّاطِعةُ طَوالَ السَّنة.

مَحَطّةٌ لِتَحْلِيةِ مِياهِ البَحْرِ

هناك مَخْزونٌ ضَخْمٌ منَ النِّفْطِ والغازِ تَحتَ الصُّخورِ والرِّمالِ في صَحْراءِ شِبْهِ الجَزيرةِ العَرَبيّة. تُؤَمِّنُ شِبْهُ الجَزيرةِ العَرَبِيّةِ حَوالَيْ الخُمسِ مِمّا يَسْتَهْلِكُهُ العالَمُ منَ النِّفْطِ، ما يَعودُ على دُوَلِ الخَليجِ بِأَرْباحٍ وَفيرةٍ، وخُصوصًا على المَمْلَكةِ العَرَبِيّةِ السَّعودِيّةِ، والإماراتِ العَرَبِيّةِ المُتَّحِدةِ، والكوَيْت.

لِاسْتِخْراجِ النِّفْطِ من باطِنِ الأرضِ، يَقومُ عُلَماءُ الجيولوجيا بِدِراسةِ الصُّخورِ لِتَحْديدِ مَوقعِ النِّفْطِ الحَبيسِ تَحْتَها. بَعدَ ذلك، يَقومُ المُهَنْدِسونَ بِالحَفْرِ لِمَسافةِ آلافِ الأَمْتارِ لِلوُصولِ إلى النِّفْط. يُضَخُّ النِّفْطُ في أَنابيبَ عِمْلاقةٍ تَعْبُرُ الصَّحْراءَ بِاتِّجاهِ مَراكِزِ التَّكْريرِ على السّاحِلِ تَمْهيدًا لِتَصْديرِه.

بَدَأَتْ بَشائِرُ النِّفْطِ بالظُّهورِ في صَحْراءِ شِبْهِ الجَزيرةِ العَرَبِيّةِ في الثَّلاثيناتِ منَ القَرْنِ الماضي.

يُضَخُّ النِّفْطُ في أَنابيبَ عِملاقةٍ تَعْبُرُ الصَّحراء.

هل تَعرِفونَ؟

هناك أكثَرُ من ١٠٠ حَقْلٍ رَئيسِيٍّ لِلنِّفْطِ والغازِ في المَمْلَكةِ العَرَبيّةِ السَّعوديّة، إلّا أَنَّ نِصْفَ الإنْتاجِ يَأتي من ثَمانِيةِ حُقولٍ ضَخْمة. أكبَرُ هذه الحُقُولِ هو حَقْلُ الغَوّارِ في الأحساءِ الَّذي يُنْتِجُ أكثَرَ من خَمْسةِ ملايينِ بَرْميلٍ يَوميًّا.

حَقْلُ الغَوّارِ
المِفْتاح:
حُقولُ النِّفْط
حُقولُ الغاز

الصَّحْراءُ المُتَغَيِّرة

يَتَغَيَّرُ أُسْلوبُ الحَياةِ في شِبْهِ الجَزيرةِ العَرَبِيّةِ بِسُرعة. تَغْزو المُدُنُ الجَديدةُ الصَّحْراءَ في بَعْضِ المَناطِقِ، وفي مَناطِقَ أُخْرَى تُواجِهُ أَطْرافُ بَعْضِ المُدُنِ خَطَرَ التَّصَحُّر.

التَّصَحُّرُ أَحَدُ نَتائجِ تَغيُّرِ المَناخِ، إلّا أَنَّ بَعْضَ أَنْشِطةِ البَشَرِ تُساهِمُ في المُشكِلة. اِسْتِخْدامُ أَطْرافِ الصَّحْراءِ في الزِّراعةِ الكَثيفةِ والرَّعْيِ المُتَواصِلِ يُسَبِّبُ تآكُلَ التُّرْبةِ، ويُحَوِّلُها إلى أَتْرِبَةٍ يَذْرُّها الرّيح. هناك مِساحاتٌ كَبيرةٌ من صَحْراءِ شِبْهِ الجَزيرةِ العَرَبِيّةِ تَتَعَرَّضُ لِخَطَرٍ حَقيقِيّ. تَقومُ بَعْضُ الدُّوَلِ الخَليجِيّةِ بِتَنْفيذِ بَرامِجِ زِراعةِ الأَشْجارِ في مُحاوَلةٍ مِنْها لِلْحَدِّ من زَحْفِ التَّصَحُّر.

قامَتِ الإماراتُ العَرَبِيّةُ المُتَّحِدةُ بِزراعةِ صُفوفٍ مِنَ الأَشْجارِ على جانِبَي الطُّرُقِ الصَّحْراوِيّةِ لِلسَّيْطَرةِ على ظاهِرةِ التَّصَحُّرِ ولِحِمايةِ الطُّرُق.

ساهَمَتِ الاسْتِفادةُ الرَّشيدةُ بِمَوارِدِ صَحْراءِ شِبْهِ الجَزيرةِ العَرَبِيّةِ في تَنْمِيةِ دُوَلِ الخَليجِ، إلّا أَنَّ هناك بَعْضَ التَّخَوُّفِ من حُدوثِ خَلَلٍ في تَوازُنِ البيئةِ الصَّحْراوِيّة.

مَثَلًا، مُنْذُ ٤٠ عامًا، كانَ هناك ما يَكْفي مِنَ المِياهِ الجَوْفِيّةِ لِسَدِّ احْتياجاتِ المُدُنِ والحُقولِ، أمّا اليَوم. فإنَّ مَنسوبَ هذه المِياهِ يَنْخَفِضُ بِسُرعةٍ، ولا تَكْفي الأمْطارُ القَليلةُ لِتَعْويضِ الكَمّيّاتِ المُسْتَهْلَكة.

منَ المُحْتَمَلِ أن تُصْبِحَ نُدْرةُ المِياهِ مُشكِلةً في المُسْتَقْبَل.

تَرْشيدُ اسْتِهلاكِ المِياهِ مُهِمٌّ لِلغايةِ في شِبْهِ الجَزيرةِ العَرَبِيّة.

إنَّ شَقَّ طَريقٍ يَمتَدُّ عَبرَ صَحْراءِ شِبْهِ الجَزيرةِ العَرَبيّةِ لَيسَ بِالأمرِ اليَسير. تَحديدُ خَطِّ السَّيْرِ، واختِيارُ الخاماتِ المُناسِبةِ لِلتَّنْفيذِ، يَتَطَلَّبانِ دِراساتٍ مُتَعَدِّدةً ومُتَعَمِّقةً ودَقيقة.

منَ المُؤَكَّدِ أنَّ القائمينَ على التَّنْفيذِ لا يُريدونَ لِطَريقِهِم سَطْحًا يَنْصَهِرُ في الصَّيفِ بِسَبَبِ الحَرارة! كَما أنَّهُ منَ الوارِدِ أن يَحتاجوا إلى نَسْفِ تَلٍّ منَ الصُّخورِ، أو إلى حَفْرِ نَفَقٍ في بَطْنِ الجَبَلِ لِشَقِّ الطَّريقِ بِصورةٍ مُرْضِية. ظُروفُ العَمَلِ، بِصورةٍ عامّةٍ، شاقّةٌ وقاسيةٌ، إلّا أَنَّ مِثلَ هذه المَشْروعاتِ لا غِنًى عَنْها لِلصَّحْراءِ المُتَغَيِّرة.

هل تَعرِفونَ؟

في الماضي، كانَتِ الجِمالُ هي الأنْسَبَ لِنَقْلِ البَضائعِ والتُّجّارِ، ولكنَّها لا تَسْتَطيعُ أن تَتَحَمَّلَ أعْباءَ التِّجارةِ في عالَمِ اليَوم.